(454°)

CATALOGUE

PORTRAITS

J.-B. DE LA BORDE à la lyre EAU-FORTE PURE

Par Masquelier

LOUIS XVI, MARIE-ANTOINETTE

Estampes du XVIIIᵉ siècle

FRAGONARD Contes de LA FONTAINE

EAUX-FORTES PURES

Et suite avant la lettre, etc., etc., etc.

DONT LA VENTE AURA LIEU

HOTEL DES COMMISSAIRES - PRISEURS

RUE DROUOT, 9, SALLE Nº 4

AU PREMIER ÉTAGE

Le Mardi 23 Mars 1880

A UNE HEURE PRÉCISE

Mᵉ Maurice DELESTRE	M. VIGNÈRES
COMMISᵗᵉ-PRISEUR	Nᵈ D'ESTAMPES
rue Drouot, 27	rue de la Monnaie, nº 21

PARIS — 1880

454.

13946

Date		Montant	17.25 %		
20. avril	Lebarbier & Tinan	9170	1581	89	7,588
	x	3502 50	604	18	2,898
23. avril	Leon Bardin	1135.50	195 (montée 1)	85 45	929 6
	Michel Eudes	40	6 (montée)	90 25	33 1
5 Mai	Chatain	52	8	95	43 0
15 avril	Benard	27 50	4 (montée)	75 75	22 7
	A. Gouverneur	18 50	3 (montée)	20 20	15
		13,946	2,405	60	11,540

Yd 2535
80

CATALOGUE

PORTRAITS

Bonnart, Mariette, Trouvain, Le Bean, etc.

J. B. DE LA BORDE À LA LYRE EAU-FORTE PURE

Par Masquelier; et par Moreau

COLLECTION DE

LOUIS XVI, MARIE-ANTOINETTE

Famille royale et Pièces historiques

ESTAMPES DU XVIIIe SIÈCLE

CÔSTUMES (1787) COLORIÉS

FRAGONARD CONTES DE LA FONTAINE

EAUX-FORTES PURES

ET SUITE AVANT LA LETTRE

MARILLIER, Fables de DORAT
Entêtes et Fleurons eaux-fortes pures
MOREAU, Chansons de LA BORDE

VIGNETTES EAUX-FORTES MODERNES

CATALOGUES

DESSINS DE DÉCORS DE THÉATRE

DONT LA VENTE AURA LIEU

HOTEL DES COMMISSAIRES-PRISEURS

RUE DROUOT, 9, SALLE N° 4

AU PREMIER ÉTAGE

Le Mardi 23 Mars 1880

A UNE HEURE PRÉCISE

PARIS — 1880

CONDITIONS DE LA VENTE

L'ordre du Catalogue sera suivi.

La vente sera faite au comptant.

Les Acquéreurs paieront cinq pour cent en plus des enchères, applicables aux frais.

M. VIGNÈRES, chargé de la Vente, remplira les Commissions.

Nota. Toute Commission sans prix fixé ou sans limite déterminée sera regardée comme nulle.

M. Vignères se charge de faire marquer les prix aux Catalogues des Ventes qu'il a faites. Les personnes qui le désirent peuvent s'adresser à lui *franco*.

Plusieurs Amateurs éloignés en ont reconnu l'utilité pour les guider dans leurs achats sur les valeurs des Estampes.

Les Catalogues des Ventes à faire seront envoyés aux personnes qui en feront la demande *affranchie*.

Avis. — Nous prions MM. les Amateurs éloignés de ne pas attendre au dernier jour, pour que les lettres arrivent le matin de la vente, les lettres étant distribuées après mon départ.

Choix de Catalogues avec prix marqués.

M. VIGNÈRES se charge des Commissions dans les Ventes de Livres et Estampes autres que les siennes.

PORTRAITS

1 **Benjamin**. La Chute d'un ange, charge sur LAMARTINE, lithog., très-rare.

2 **Blanchard**. FURNE, éditeur-libraire, profil in-8. Magnifique ép. d'artiste sur Chine, marge petit in-fol.

3 **Bonnart** (collection). Louis le Grand roi de France. — Autre avec bataille au fond. — A cheval devant Namur. 3 portraits en pied, petit in-fol. Superbes.

4 — Monseigneur le DAUPHIN, en pied, chez Trouvain, superbe ép., petit in-fol.

5 — Monseigneur le duc de BERRY, en pied, chez Trouvain, superbe ép., petit in-fol.

6 — M. le chevalier de BOUILLON, en pied, chez Trouvain, superbe ép., petit in-fol.

7 — Louis-Auguste de Bourbon, duc du MAINE en pied, chez Trouvain, superbe ép., petit in-fol.

8 — François de HARLAY, archevêque de Paris, en pied, assis dans son cabinet, petit in-folio, chez Trouvain. Superbe.

9 — Charles-Maurice le Tellier, archevêque de Reims, en pied, assis, chez *Trouvain*, petit in-fol. Superbe.

10 — Claude de Saint-Georges, archevêque de Lyon, en pied, assis, chez *Trouvain*, petit in-fol. Superbe.

11 — M. le chevalier de Lorraine, en pied, petit in-fol., chez *Trouvain*. Superbe.

12 — M. le comte de Tourville, vice-amiral, en pied, petit in-fol., chez *Trouvain*, 1696. Superbe.

13 — M. le duc de Vendome, en pied, petit in-fol., chez *Trouvain*. Superbe.

14 — Guillaume III, roi d'Angleterre. — M. le duc de Marlbouroug. 2 p. en pied, petit in-fol., chez *Mariette*. Très-belles ép.

15 — Frédéric Guillaume, prince électoral de Brandebourg, en pied, petit in-fol., chez *Mariette*. Très-belle.

16 — Le prince Louis de Bade. — Le duc de Bavière, 2 p. en pied, chez *Trouvain*, petit in-fol. Superbes.

17 — Philippe V, roi d'Espagne, assis sur le trône. — Le même sortant de sa tente, 2 p. en pied, petit in-fol., chez *Mariette*. Superbes.

18 — Le duc de Parme en pied, petit in-fol., belle ép. Marge.

19 — Le prince Louis de Bade, en pied, petit in-fol. Très-belle ép., petite marge, chez *Mariette*.

20 — Le duc de Modène, en pied, petit in-folio. Très-belle ép., marge, chez *Mariette.*

21 — Le duc de Savoie, prince de Piémont, roi de Chypre. — Monseigneur le duc de Parme et de Plaisance, l'un des plus puissants princes d'Italie. 2 p. en pied, petit in-fol., chez *Trouvain.* Superbes.

22 — M. le C. de N. en robe de chambre, 1696. — Homme de qualité jouant du Tympanum. — M. l'Abbé en habit d'hiver. 3 p. petit in-fol., en pied, chez *Trouvain.* Superbes.

23 — Costumes de divers pays, Philis de la Tour du Pin, La Charce à cheval et autres. Contre-épreuves avec des dessins à la sanguine pour les fonds, 23 p. (Sera divisé).

24 **Cathelin.** Ch.-Ph. comte d'Artois, d'après *Fredou.* — Marie-Thérèse de Savoie, comtesse d'Artois, d'ap. *Drouais.* 2 p. petit in-fol. Superbes ép., marges vierges.

25 — Louis-Stanislas Xavier (comte de Provence). — Marie-Joséphine-Louise de Savoie. 2 p. petit in-fol., d'ap. *Drouais.* Marge vierge.

26 — Marie-Thérèse, reine de Hongrie. — Joseph II. 2 p. petit in-fol. Superbes ép. marge vierge.

27 **Chenu.** Madame Favart, (médaillon entouré de roses, d'ap. *Garand.* In-8, belle ép.

28 **Daullé.** Cardinal de Polignac, d'ap. *Rigaud.* In-8, états différents dans la tablette, 2 p. superbes.

29 **De Marcenay.** Bayard, in-8. Très-belle ép.

30 — JEANNE D'ARC, in-8 Superbe.

31 — Le maréchal de VILLARS. In-8, superbe ép., toute marge.

32 **Drevet.** La Palatine d'Orléans, d'ap. *Rigaud.* In-8 en travers. Superbe ép., vrai bijou de gravure.

33 **Dupin.** Ch.-Ph. comte d'ARTOIS, d'ap. *Hall.* In-4. Superbe ép., marge vierge.

34 **Duponchelle.** MARIE LECZINSKA, d'ap. *Nattier.* Grand in-8. Superbe ép., marge vierge.

35 **Edelinck.** J. Benigne BOSSUET, d'ap. *Rigaud.* Grand in-4. Superbe ép., 1er état. Marge vierge.

36 **Fessard.** DONAT, médaillon sur son tombeau entouré d'une Muse, d'Amours et d'attributs dans un encadrement élégant, d'ap. *Hoin.* Superbe ép., in-4, toute marge.

37 **Ficquet.** J.-B. ROUSSEAU, d'ap. *Aved.* Très-belle ép., remargée comme Chine.

38 **Ficquet.** SAUGRAIN, 6e libraire de ce nom. In-8. Très-belle ép. Marge.

39 — VOLTAIRE, in-8, d'ap. *de la Tour.* Très-belle ép.

40 **Fosseyeux** 1782. CATHERINE II. In-8, marge.

41 **François.** LOUIS XV, roi de France. Grand in-4. Sanguine. Superbe ép.

42 **François** (J.). Henri Ier de Bourbon, prince de CONDÉ, né en 1530, tué à Jarnac en 1569, in-8. Magnifique ép., avant la lettre, marge, petit in-fol.

43 — Louis de Bourbon, duc d'Anguien, né en 1621, mort en 1686 (Grand Condé). In-8 sur Chine. Magnifique ép., avant la lettre, marge, petit in-fol,

44 **Gaucher**. J.-P. Timoleon de Cossé Brissac, d'ap. *Pougin de Saint-Aubin*. Grand in-8, avec la natte de cheveux et la boucle d'oreille. Superbe ép., petite marge. Catalogue Gaucher (44).

45 — La Fontaine. Très-petit portrait ovale, d'ap. *Rigaud*, avec la bordure. Catal. Gaucher (87). Très-belle ép., toute marge.

46 — Isaac Newton, in-8, d'ap. *Keller* (122). Très-belle ép.

47 **Hourdain**. Marie-Thérèse Charlotte de France. — Louis XVII. 2 p. in-8. Superbes ép. Marge.

48 **Ingouf** junior 1781. Marivaux. In-8, d'après *Pougin de Saint-Aubin*, entouré d'allégories, d'ap. *Marillier*. Superbe ép., marge vierge.

49 **Janinet**. Mademoiselle Contat, Comédie Française, en pied, rôle de Mme Randon, en couleur, in-8, marge.

50 **Johannot** (Tony), Mme de la Sablière, in-8, d'apr. *Colin*. Magnifique ép., avant la lettre sur Chine. Marge vierge.

51 **Le Beau**. Mme Desbrosses du théâtre italien. — Mlle Lescot, 2 p. grand in-8. Marge vierge, superbes ép.

52 — Mme la comtesse Du Barry dans un encadrement orné de fleurs; au bas, emblème d'a-
mour. Grand in-8. Très-belle ép., marge vierge.

53 — Elisabeth, Ph.-Marie-Hélène, sœur de M. le
Dauphin, d'ap. *Fontaine,* 1er état, le portrait
petit, adresse à la ville de Coutance. Superbe
ép., marge.

54 — La même, 2e état, le portrait plus grand,
adresse à la croix de Lorraine, in-8. Superbe
ép., marge.

55 — Mme Louise Marie de France, religieuse car-
melite. Grand in-8, d'ap. *Queverdo.* Superbe
ép., grande marge.

56 — Marie-Adel. Clotilde Xaviere, sœur de M. le
Dauphin, d'ap. *Fontaine,* riche encadrement
orné de fleurs. Grand in-8, superbe ép., grande
marge.

57 — L. Stan. Xavier, comte de Provence. —
Marie J., Louise de Savoie (Madame), 2 p.
grand in-8. Superbes ép., marge vierge.

58 — Marie-Thérèse, reine de Hongrie. —
Joseph II. 2 p. grand in-8. Superbes ép., marge
vierge.

59 **Lempereur.** Louis IX dauphin. — Le petit
duc de Bourgogne. 2 petits portraits in-12 en
travers. Superbes.

60 **Masquelier.** J.-B. **De la Borde,** auteur des
chansons, médaillon dans une lyre. **Eau-forte
pure.** In-8. Magnifique ép., extrêmement rare.
Voir 62 et 82 portraits différents.

61 **Mercuri**. CONDORCET. Profil pour médaille, d'ap. *Lemort* 1786. Superbe ép. Grand in-8, marge.

62 **Moreau** le jeune 1771. J.-B. *De la Borde*, premier valet de chambre du roi, auteur des chansons, profil d'ap. *Denon*. Grand in-8. Magnifique ép., marge vierge.

63 — L. PHÉLIPEAUX, duc de la Vrillière, in-8, remargé comme Chine.

64 **Morse**. NAPOLÉON III, à mi-corps, in-4, d'ap. *Flandrin*. Magnifique ép. d'artiste sur Chine, marge in-fol.

65 **Nanteuil**. Marquis de CASTELNAU (R.D. 58), gouverneur de Brest. Petit in-fol., très-belle ép.

66 **Perrier** (François). Simon VOUET, premier peintre de Louis XIII, dans un ovale orné de figures allégoriques (R. D. 12). Belle eau-forte, petit in-fol.

67 **Pollet**. SAX assis, in-4, d'ap. *Bida*. Magnifique ép. d'artiste sur Chine. Marge, petit in-fol.

68 **Regnault**. E. MEISSONIER, d'ap. lui-même. In-12. Superbe ép., toute marge.

69 **Reynolds**. BÉRANGER d'ap. *Scheffer*, in-8. Magnifique ép. avant-la-lettre, marge vierge.

70 **Saint-Aubin** (Aug. de). BEAUMARCHAIS (P. A. Baron de). Profil, petit in-4, d'ap. *Cochin*. Superbe ép., rare.

71 — FRANKLIN (Benjamin). In-4, d'ap. *Cochin*, avec des lunettes. Très-belle ép., grande marge.

72 — Gluck. Médaillon entouré de feuilles de chêne, d'ap. la cire de *Krafft*. In-8, magnifique ép., marge, in-4.

73 — Henri IV, d'ap. *Porbus*, in-8. Superbe ép,, les noms d'artistes à la pointe, sans autres lettres dans la marge, marge vierge.

74 **Savart**. Colbert. In-8, d'ap. *Champagne*. Belle-ép. sur Chine, toute marge.

75 — Louis le Grand. In-8, d'ap. *Rigaud*. Très-belle ép.

76 **Simonet** (Adrien). Voltaire tenant une plume, in-8, *eau-forte pure* sur Chine. Marge in-fol., rare. Superbe.

77 **Vangelisti**. Louis-Henri-Joseph de Bourbon Condé. Grand in-8. Superbe ep., marge.

78 **Voyez**. Marie - Adélaide-Clotilde-Xaviere, de France, sœur du roi, d'ap. *Fontaine*, riche encadrement orné, grand in-8. Très-belle ép., toute marge.

79 **Watteau** fils 1776 (d'ap.). Lantara, peintre, en pied, regardant ses oiseaux, in-4. Très-belle ép. collée, rare.

80 **Will** (J.-G.) 1746. Antoine-François Prevost, aumônier de Mons. le prince de Condé, auteur de Manon Lescau, in-8 d'ap. *Cochin*. Superbe ép., petite marge.

81 **Goethe**. Eau-forte pure, in-4.

82 **La Borde**, auteur des chansons, et Zurlauben. Deux ronds dans une frise ornée, avant toute lettre. Superbe ép., très-rare.

83 ***Napoléon Ier***, en manteau impérial, le jour   1 50
   du couronnement. In-fol.; d'après *Isabey*,
   gouaché.

84 ***Napoléon*** couronnant le buste de Marie-   1
   Louise. — Marie-Louise couronnant Napoléon.
   2 p. en pied. — Napoléon. — Marie-Louise,
   par *Le Beau*. — Famille, quatre portraits sur
   la même feuille. 5 p., petit in-fol., toute marge.

85 ***Savoie*** (Victor-Amédée-Marie de), roi de   3
   Sardaigne. — Marie-Adélaïde-Clotilde-Xavière
   de France. 2 p., in-4. Très-belles ép., toute
   marge.

86 ***Thiers*** (Adolphe). Ovale in-8. Magnifique   4
   ép., avant toute lettre, sur Chine, toute marge.

87 ***Voltaire***. Grand in-8, belle ép.   13

88 **Portraits** réunis pour illustrer les Dessina-   15
   teurs d'illustration au xviiie siècle, par le baron
   de Portalis. — Debucourt. — De Troy. — Gérard,
   Hogarth. — Le Bas, in-4, avant toute lettre.
   — B. Picart. — Joseph Vernet. — Wille, par
   Ad. Varin, bistre Chine. 8 p.

COLLECTION

DE

LOUIS XVI et MARIE-ANTOINETTE

89 **Rois** de France de la famille des Bourbons   1
   depuis Henri IV jusqu'à Louis XVIII. 7 petits
   portraits ronds réunis, coloriés. Grand in-8.

90 **Louis XVI**, rond avant toute lettre. — Autre en manière noire, chez Remoissenet, 2 p. in-8 très-belles.

91 — Ovale in-4. Avant toute lettre. Très-belle ép., marge.

92 — Carré in-8. Superbe ép. avant toute lettre, marge.

93 — Sa figure avec cornes de bélier sur le corps d'un cochon, rond in-8. Très-belle ép.; très-rare, marge.

94 **Bonnefoix** (V°) et *Duthé*. Louis XVI, in-4. — Le même, in-8, manière noire. 2 p. Très-belles, grande marge.

95 **Chapman.** Louis XVI King of France; au bas, petite-scène de sa mort. Ovale in-8 en couleur. Très-belle ép., marge.

96 **Demarteau.** Louis-Auguste, dauphin de France, 1770. Médaillon in-4, d'ap. la médaille de *Vassé*. Sanguine. Superbe ép., marge.

97 **Dequevauvillers**. Louis XVI, in-8, d'ap. *Callet*. Magnifique ép. sur chine, marge in-fol.

98 **Desrais** (D'ap.). Louis XVI en pied en manteau royal. Petit in-fol. en couleur, par *Deny*. Rare.

99 **Duplessis-Bertaux**. Apothéose de Louis XVI, in-4. Superbe ép. avant la lettre, avec une petite tête à l'eau-forte en bas au coin à gauche de la planche, toute marge.

100 **Flameng**. Louis XVI, — Marie-Antoinette, — Mme Roland. 3 p. in-8, chine volant.

101 **Hubert**. Louis. XVI. Au bas, un lion, un bouclier et attributs. Superbe ép. grand in-8, toute marge.

102 **Le Beau**. Louis XVI, dirigé à gauche. — Le même, dirigé à droite. 2 petits portraits in-12. Superbes ép.

103 **Levachez** fils, 1792. Louis XVI, in-8, d'ap. *Duplessis*. Magnifique ép. en couleur, marge vierge.

104 **Marillier** (D'ap.). Louis XVI, grand in-8, par *Dupin*. Médaillon orné de roses. Très-belle ép., toute marge

105 **Massard** (J.). Louis-Auguste, dauphin de France (Louis XVI). Très petit portrait, entourage orné de roses. In-18. Magnifique ép., marge in-8.

106 **Massard** (Louise), 1776. Henri IV apparaissant à Louis XVI, soutenu par le génie de la France. Jolie composition allégorique d'ap. *Loinville*. Petit in-fol. Magnifique ép. avant la lettre, toute marge.

107 **Moreau** (D'ap.). Le peuple accroche le portrait de Bailly au-dessous du buste de Louis XVI, que la Renommée couronne, au fond, la démolition de la Bastille. Superbe ép. gr. in-4 par *Dambrun*, avant la lettre, marge.

108 **Pierron**. Louis. XVI. — Marie-Antoinette. 2 p. in-4.

109 **Schiavonetti**. Louis XVI assis près du buste du Dauphin. — Autre ovale rayonnant. Superbe ép., lettre grise. 2 p. in-8.

110 **Schinker**. Louis XVI, ovale équarri. Petit *L.B.* in-fol. Superbe ép., d'ap. *Boze*.

111 **Vanloo** (D'ap.). Louis XVI dirigé à droite, *L.B.* petit in-fol., par *Duponchel*. Superbe ép., premier état de la planche, imp. en rouge, marge vierge.

112 — Louis XVI de profil à droite, la figure étant *L.B.* changée, second état de la planche, *Sullin*, sculp. Superbe ép., marge vierge, imp. en noir.

113 **Villeneuve** (Chez). La Tête sanglante de *L.B.* Louis XVI, tenue par la main du bourreau, ovale in-8. En haut : ECCE VETO; en bas : *Qu'un sang impur abreuvé nos sillons*. Superbe ép., marge vierge, très-rare.

114 **Louis XVI** de profil par *Bartro, Claessens, L.B. Masquelier* et autres. 7 p. Très-belles.

115 — par *Roger* avant la lettre, *Bromley, Morret, L.B. Verité* et autres. In-8. Très-belles ép. 6 p.

116 — avec Louis XVI, Henri IV, — et par *Bonne- L.B. ville, Pelée, Ransonette* et autres. 10 p. in-8.

117 **Louis XVI**. Ses Adieux à sa famille, rond *L.B.* in-8. Très-belle ép.

118 — Ses Adieux à sa famille, eau-forte pure *L.B.* in-fol. en travers. Très-rare.

119 **Pièces historiques** sur Louis XVI, Louis XVII *L.B.* en prison, lever du roi et autres. 11 p.

120 **Benazeck** (D'ap.). Dernière entrevue de × Louis XVI et de sa famille. In-4 en travers, par *Jazet*.

121 — La Séparation de Louis XVI de sa famille,
29 sept. 1792, par *Cardon*. — Procès de
Louis XVI, 26 décembre, par *Vendramini*, lettre grise. — Dernière entrevue de Louis XVI
avec sa famille, par *Schiavonetti*. — Louis XVI
avec son confesseur Edgeworth un instant
avant sa mort au pied de l'échafaud, par
Cardon. 4 p. in-fol.

122 **Casenave**. Louis XVI avec son confesseur un
instant avant sa mort. Très-grand in-fol. Très-
belle ép., marge.

123 **Germain**. Journée du 25 juin 1791. Le roi
arrivant de Varennes à Paris. In-fol.

MARIE-ANTOINETTE

124 **Agar**. MARIA-ANTONIETTA.—LEWIS XVI. 2 ovales
in-8. Londres, 1797. Superbes ép., toute marge,
rares.

125 **Benoist**. MARIE-ANTOINETTE, — LOUIS XVI,
2 petits ronds. Superbes ép., toute marge.
In-8.

126 **Bonvoisin**. MARIE-ANTOINETTE, in-8, lettre
grise, la tablette blanche. — La même, avec la
lettre, la tablette ombrée. 2 p., toute marge,
superbes.

127 **Bovinet**. MARIE-ANTOINETTE, coiffure à plumes.
Ovale in-8. Belle ép., marge.

128 **Canu**. MARIE-ANTOINETTE, — LOUIS XVI, 2 p. à
claire-voie, in-4. Très-belles ép. toute marge.

129 **Dupin**. MARIE-ANTOINETTE, — LOUIS XVI dans des entourages richement ornés de fleurs. 2 p. grand in-8. Superbes ép., marge vierge, avant le n°.

130 **Duponchelle**. MARIE-ANTOINETTE,—LOUIS XVI. L. B. 2 p. petit in-fol. en rouge. Superbes ép. marge vierge.

131 **Forssell**. MARIE-ANTOINETTE, coiffure plumes L. B. et aigrette. In-8 ovale équarri. Superbe ép. marge vierge.

132 **Gabrielli**. MARIE-ANTOINETTE. Au bas l'écha-faud, elle va monter. — LOUIS XVI, au bas l'exécution, le bourreau présente la tête au peuple. 2 p. in-4, très-rares.

133 **Geoffroy**. MARIE-ANTOINETTE, in-8, entourage carré orné. — La même, entourage octogone orné, le fond ombré. 2 p. très-belles.

134 **Lebeau**. MARIE-ANTOINETTE, — LOUIS XVI. Profils en regard sur la même planche. Superbe ép. marge vierge, avant le n°.

135 — MARIE-ANTOINETTE avec haute coiffure poudrée, aigrette et plumes, — LOUIS XVI de profil. 2 p. grand in-8. Superbes ép. avec le n°, marge vierge.

136 — MARIE-ANTOINETTE en pied, d'ap. *Le Clerc*, en grand costume de cour, la tête de profil. Petit in-fol., marge.

137 **Le Brun** (D'ap. Mme). MARIE-ANTOINETTE et ses enfants en buste dans un encadrement ovale orné. In-4. Superbe ép. toute marge.

138 **Neidel**. MARIA-ANTONIA, d'ap. *Gratise*, avant l'ombre portée de l'ovale à gauche.—La même avec l'ombre. — LUDWIG der Sechzehnte, d'ap. *Boze*, gravé par *Sturm*. 3 p. in-4, très-belles.

139 **Pierron** MARIE-ANTOINETTE,— LOUIS XVI. 2 p. in-4.

140 **Prieur**. La reine à la Conciergerie (MARIE-AN-TOINETTE) en veuve. Très-belle ép. in-4, marge.

141 **Rousseau**. Eugénie ou la noblesse : MARIE-ANTOINETTE près de Minerve qui soutient le portrait de Marie-Thérèse. In-4 d'ap. *Cochin*. Superbe ép. avant toute lettre, touté marge.

142 **Smith**. MARIE-ANTOINETTE, ovale équarri in-4, manière noire. Superbe ép., lettre grise, toute marge.

143 ***Marie-Antoinette***. Ovale in-fol. Coiffure avec plumes.

144 ***Marie-Antoinette***. — Louis XVI, par *Renard*, ovales dans un filet carré in-8. Paris, chez Jean, et Louis XVI avant l'adresse et avant le nom du graveur, 3 p.

145 — Et Louis XVI, ovales en couleur, in-12, chez Mme *Lingée*. Très-belles ép.

146 — Et Louis XVI, ovales équarris, in-12. Texte allemand. 2 superbes ép. rares.

147 — Au bas, ses adieux à sa famille.—Louis XVI au bas ses adieux à sa famille. 2 petit in-fol.

148 — Par *Voyez*, d'ap. *Vanloo*, — Louis XVI, par *Hubert*. 2 p. grand in-8 avec allégories dans un cadre en bas. Superbes ép. marge vierge, avant le n°.

2

149 — De profil à gauche, par *Lebeau*, — Louis XVI, profil à droite, par *Hubert*. 2 p. grand in-8 toute marge, rares.

150 — De profil. — Louis XVI de profil dans des allégories et fleurs. 2 p. petit in-4 toute marge, chez *Germain Mathiot*.

151 **Marie-Antoinette**. Coiffure avec aigrette et plumes, carré in-8. Très-belle ép.

152 — Rond équarri in-8. *Avec tous les moyens de plaire, elle n'eut d'autre ambition que d'être utile*. Belle ép.

153 — Eau-forte in-8 sur Chine pour le Bibliophile français. Superbe ép. toute marge.

154 — D'Autriche, reine de France. In-fol. par *Curtis*, d'ap. *Dufroc*. Très-belle ép.

155 — En pied, gravés et lithog. 5 p.

156 — En pied, par *Mote*, grand in-8. — Dans sa dernière prison, par *Forssell*, d'ap. *Desenne*. In-8. 2 p. très-belles.

157 — Profil, titre pour son testament, en pied in-8. Lithog. par *Grevedon* et autres, 6 p.

158 **Marie-Antoinette,** Louis XVI et deux autres profils en blanc sur l'urne au saule pleureur. In-8 avant toute lettre. — Saule pleureur avec cinq profils en blanc, la femme pleurant à gauche et le dragon mort à droite, in-4. — Le même, in-4, contre-partie avant toute lettre. 3 p.

159 Médailles, procédé Collas. Marie-Antoinette, Louis XVI, — Louis XVII, — la princesse Lamballe, — Lamoignon Malesherbes. 3 p. in-4.

160 Exemple d'humanité de Mme la Dauphine (Marie-Antoinette). Petit in-fol.

161 La reine annonçant à Mme de Bellegarde des juges et la liberté de son mari, en mai 1777, par *Duclos*, d'ap. *Desfossés*, grand in-fol. Superbe ép. grande marge. La reine est entourée de la famille royale.

162 La Communion de la reine, lithog. grand in-fol., par *Bazin* et *Civeton*. Très-belle ép. sur Chine.

163 **Louis XVI** et Louis XVII, in-8. 9 p., plusieurs, rares.

164 **Schiavonetti**. Louis XVII, — Louis XVIII, Charles-Philippe de France, — Louis-Antoine de France, duc d'Angoulême, — Charles-Ferdinand d'Artois, duc de Berry, — Élisabeth-Ph.-Marie-Hélène de France, 6 portraits ovales rayonnants, lettre grise, et le titre Bouclier avec les armes des Bourbons et la devise : *Lâche qui les abandonne*, 7 p. in-8. Très-belles ép.

165 **Louis XVII**. Profil, par *Agar*, — rond avant toute lettre, — de face, par *Manceau*, — par *Danguin*. 4 p. in-8 superbes.

166 Bouquet d'immortelles en couleur, Famille royale de France, Saule pleureur, etc. 6 p.

167 **Louis XVIII**. C'est le portrait de Louis XVI, de *Le Mire*, in-4. Chez Jean. Très-belle ép. toute marge.

168 **Louis XVIII**. Profil dans un cœur rayonnant ; au bas : *Le cœur d'un Français*. In-8. Superbe ép. toute marge.

ESTAMPES DU XVIIIᵉ SIÈCLE

5.50 **169 Bergny** (chez). Premier rendez-vous de *L.J.* Chartotte et Werther, rond, in-4 en couleur, marge.

25 **170 Chardin** (d'ap.). L'OEconome, in-fol., par × *Le Bas.* Très-belle ép. — *Berard 7. Rapilly 25*

11 **171 Charon** (chez). On n'entre pas, petit in-fol. *L.B.* sans marge: Un Importun surprenant une femme dans une action de toilette. Belle ép. rare. — *Houyad 35 Pitchouhin 8 Duperray 7.*

8.50 **172 Chodowiecki.** Scène de Werther. In-8 en *L.J.* travers, remargé, in-4, jolie pièce.

76 **173 Costumes.** Modes, coiffures, chapeaux, 1787 × à 1788, 3ᵉ année, par *Duhamel,* d'ap. *Defraine,* 9 feuilles à trois sujets coloriés. Très-rares. — *Rapilly 45*

18 **174 Costumes français** 1797. Pl. 1 et pl. 2. × Costume à la Minerve et à la Spencer. 2 p., in-4, par *Marchand.* Superbes et rares. — *Rapilly 10*

58 **175 École anglaise.** *The dog and Duck :* Intérieur de café, des dames se promenent, in-fol., en bistre, rare. ×

1.09 **176 Fragonard** (Honoré). Son portrait à l'eau-forte; rond, entouré d'herbages. *C. L. C. R. ft* 1808, sur la pierre en bas. Superbe ép., in-8, avant le nom de *Le Charpentier.* Petite marge, remargé, in-4. Très-rare. *L.J.* — *Berard 40 P. Arbaud 25 Lusouf.*

39 **177 La Fontaine.** Son portrait in-4, par *L.J.* *Edelinck,* d'ap. *Rigaud.* Superbe ép., tiré des grands hommes de Perrault. Marge. — *Lemoyne 5 Lusouf.*

FRAGONARD (D'APRÈS).

Contes de La Fontaine, in-4.

L. T. — 178 — JOCONDE (Le départ). Eau-forte pure. Très-rare, remargée, belle ép. *petite tache* Roz- — 240

L. T. — 179 — JOCONDE (L'anneau). Eau-forte pure. *J. Pr aqua fti* en bas à l'envers, marge. Superbe ép., rare. — 210

L. T — 180 — LE MARI COCU, BATTU ET CONTENT, eau-forte pure. Marge, superbe ép., très-rare, n'a pas été terminé. — 220

L. T. — 181 — LE MARI CONFESSEUR, eau-forte pure. Superbe ép., remargée, rare. — 275

L. T. — 182 — LE SAVETIER, eau-forte pure. Superbe ép., marge, rare. — 310

L. T. — 183 — LE MULETIER, eau-forte pure. Superbe ép., marge. Très-rare. — 705

L. T. — 184 — LA GAGEURE DES TROIS COMMÈRES (le lit), eau-forte pure. Marge, rare. — 295

L. T. — 185 — LA GAGEURE DES TROIS COMMÈRES (le poirier), épreuve moderne. Superbe, marge, papier vélin. — 41

L. T. — 186 — LA GAGEURE DES TROIS COMMÈRES (le fil), épreuve non terminée, tirage moderne. Très-belle. marge, pap. vergé. — 55

L. T. — 187 — LE CALENDRIER DES VIEILLARDS, eau-forte pure, Marge, épreuve très-tachée d'huile, — 100

L. T. — 188 — A FEMME AVARE, GALANT ESCROC, eau-forte pure. Superbe ép., marge, rare. — 261

189 — On ne s'avise jamais de tout, eau-forte pure. Superbe ép., marge, rare.

190 — Le Gascon puni, eau-forte pure. Superbe ép., marge, rare.

191 — La Fiancée du roi de Garbe (la cassette), eau-forte pure, sans marge, rare.

192 — La Fiancée du roi de Garbe (Alaciel écrit son nom sur un arbre). Superbe ép., par *Le Petit aqua* en bas. Avant la lettre, marge.

193 — La Fiancée du roi de Garbe (le bois), eau-forte pure. Très-belle ép., remargée, très-rare.

194 — La Fiancée du roi de Garbe (le bois). Superbe ép., avant toute lettre, marge, rare.

195 — La Coupe enchantée, eau-forte pure. Très-belle ép., remargée, rare.

196 — Le Faucon, eau-forte pure. Superbe ép., marge.

197 — Le Magnifique, eau-forte pure. Très-belle ép. remargée.

198 — Belphegor, eau-forte pure. *Dessiné par Fragonard, gravé à l'eau-forte par A. J. Duclos, en 1794.* Superbe ép., eau-forte pure. Marge.

199 — La Clochette, *Dambrun sculp.* Superbe ép., avant la lettre. Marge, tirage papier vélin.

200 — Le Juge de Mesle, *Dambrun.* Superbe ép., avant la lettre. Marge, tirage moderne, papier vergé.

201 — Alix malade. Superbe ép., avant la lettre, Marge, en haut Tom, Ier — N° 250 — P. 240. Rare.

202 — Le Baiser donné, eau-forte pure. [*Tousé inv. del. G. Mallesleste fecit aqua f.* et au dessous 1800. Superbe ép., marge, très-rare.

203 — Sœur Jeanne. Très-belle ép., avant toute lettre. Marge, très-rare, d'ap. *Monnet.*

204 — Sœur Jeanne. Superbe ép. avant toute lettre *Dessiné par Monet. — gravé par Patas* à la pointe, en bas, marge.

205 — Fleuron du titre. *P.-P. Choffard*, 95. Tirage à part avant le texte, remargé. Superbe ép., rare.

206 **Fragonard** (d'ap.). Contes de La Fontaine in-4, suite complète de 20 p. avant la lettre, toute marge. Joconde (le lit). — Joconde (l'anneau). — Le Mari cocu, battu et content. *Delignon sculp.* 1793. à la pointe. — Le Mari confesseur. — Le Savetier. — Le Paysan qui a offensé son seigneur. — La Gageure des trois commères. — Le Calendrier des vieillards. — A Femme avare, galant escroc.—On ne s'avise jamais de tout. — Le Gascon puni. — La Fiancée du roi de Garbe (la cassette). — La Coupe enchantée. — Le Faucon. — Pâté d'anguille. — Le Magnifique. — La Matronne d'Éphèse. — Balphegor. — Le Glouton. [*Tousé inv. — J.-R. Simonnet sculp.* 1794. — Le Baiser rendu. Superbes épreuves.

207 **Guyot**. Chemin des Pamplemousses.—Vue de l'île d'Ambre. 2 ronds en couleur, d'ap. *Dutailly*, pour Paul et Virginie, sur la même pl.

208 **Jacquemart**. L'impératrice Eugénie à Nancy, eau-forte, in-fol., avant la lettre, sur chine. Magnifique ép., toute marge.

209 **Johannot** (d'ap.). Vignettes in-8, pour Werther, 1 avant la lettre blanc, 1 avant la lettre chine, 3 avec la lettre. 5 p..

210 **Mallet** (d'ap.). La nouvelle intéressante, par *Mixelle*. scène d'intérieur. Bellé ép., in-fol, en couleur, jolis costumes,

211 **Marillier** (d'ap.). *Fables* de *Dorat* 4 entêtes *eaux-fortes pures* dont 3 remargés. — 8 fleurons *eaux-fortes pures* dont 7 remargés. — 13 entêtes terminés avant la lettre, dont 10 remargés. — 10 fleurons. dont 6 remargés. En tout 12 p., *eaux-fortes pures* et 23 terminées, tirage à part avant la texte. 35 p.

212 — *Fables* de *Dorat*. 2 entêtes. — 15 fleurons, dont 3 *eaux-fortes pures*. En tout 17 pièces. Superbes ép.; tirage à part avant le texte.

213 **Monsiau**. Vignette. Très-grand in-8, pour la Pucelle, eau-forte pure, par *Pauquet*. Marge,

214 **Moreau**. Chansons de *La Borde*. La Sérénade, in-8. Superbe ép., avant la lettre, toute marge.

215 — La Toilette. Très-belle ép., avant la lettre, marge.

216 — La Dormeuse. Très-belle ép., avant la lettre, marge.

217 — L'Ingénue. Très-belle ép., avant la lettre, marge du cuivre.

218 — Les quatre Coins. Très-belle ép., avant la lettre, peu de marge.

219 — Le droit de Péage, avant la lettre, sans marge.

220 — Le Ruisseau. Superbe ép., avant la lettre, marge du cuivre.

221 — Amours de Glycère et d'Alexis, avant la lettre, marge tachée.

222 **Moreau** (d'ap.). Abeilard recevant Héloïse au Paraclet, *eau-forte pure*, in-4, par *Pauquet*, marge.

223 — Héloïse malade pour J.-J. Rousseau, in-4, par *Le Mire*. Marge.

224 **Nargeot**. Mort de Martin Luther, petit in-fol. d'ap. *Labouchère*, avant la lettre sur Chine. Magnifique ép., toute marge.

225 **Outhevaite**. Cathédrale d'Amiens, in-8, avant toute lettre, tirage petit in-fol. Magnifique ép. — Saint-Sébastien, eau-forte, par *Chaplin*, in-4, sur Chine. Superbe. 2 p.

226 **Pollinger**. Winter : Valet mettant les patins à son maître, petit in-fol., en bistre, marge.

227 **Pruche**. Passage de la Béresina, lithog. coloriée. Rare.

228 **Selis** (chez). Scène d'Amants, la Dévote, la Coquette. 3 p., grand in-8.

229 **Tresca**. Les Croyables au Peron : ce sont les Agioteurs-Filous au Palais-Royal, in-fol. Très-belle ép., grande marge.

230 — Point de Convention : un Galant offre de l'argent à une jolie fille, pendant que l'on cire ses bottes. Très-belle ép., grande marge.

231 — Les Merveilleuses, in-fol. Ces 3 p. sont des ×
costumes de la révolution.

232 **Vangelisti**. Jolie Femme coiffée avec des ×
roses, tenant un panier et montrant des
cerises. Petit ovale. Superbe ép. Marge in-4.

233 **Vernet** (D'ap. Carle). Costumes modernes ×
français et anglais. Grand in-fol. par *Levachez*.
Superbe composition de dix personnes. Très-
belle ép.

234 **Watteau** (D'ap.). Escorte d'équipage. In-fol. ×
par *Cars*. Très-rare ép. *d'eau-forte pure.*

235 — La même terminée. Superbe ép. Très- ×
grande marge.

236 — La Surprise. In-fol. par *B. Audran*. Superbe
ép. Marge vierge.

237 **Wille** fils (P.-A.). 1780. Petit Waux-Hall : ×
Coquette entourée de vieux amateurs. Eau-
forte originale. Grand in-fol,, toute marge.

238 **Wille** fils (D'ap.). La Mère contente. In-fol. ×
par *Ingouf*.

VIGNETTES, EAUX-FORTES MODERNES
LIVRES, CATALOGUES
DESSINS, DÉCORS DE THÉATRE

239 **Vignettes**. Principaux événements de la
Révolution française. 17 p. in-8.

240 — Pour les Liaisons dangereuses, d'ap. *Monnet* et *Mlle Gérard*. 2 eaux-fortes pures, 1 avant la lettre, 2 avec la lettre, 2 frontispices. En tout 7 p. grand in-8.

241 — Pour les Baisers de Dorat, les Sens, OEuvres d'Arnaud et autres, 1 eau-forte pure, entêtes et fleurons. 10 p. Tirage à part, avant le texte.

242 **Erasme.** Les Colloques nouvellement traduits, par Victor Develay, ornés de vignettes à l'eau-forte, par *J. Chauvet*. 3 vol. grand in-8, papier Whatman, grand papier (n° 23). Tirage à 20 ex., brochés non coupés.

243 **La Fontaine.** Fables. Suite complète de vignettes à l'eau-forte d'ap. *Oudry*. 72 p. dont le portrait, ép. avant la lettre, chine volant, tirage très-grand in-8, dans son portefeuille. Édition Lemerre.

244 — La même suite avant la lettre, papier Whatman, grand in-8, dans son portefeuille. Édition Lemerre.

245 **La Fontaine.** Contes. Suite complète de vignettes à l'eau-forte d'après *Fragonard, Lancret* et autres. In-8 avant la lettre sur chine volant. 41 p. dont le portrait, dans son portefeuille. Tirage très-grand in-8. Édition Lemerre.

246 — Contes. Suite complète de 41 vignettes à l'eau forte d'ap. *Fragonard, Lancret* et autres. Tirage très-grand in-8. Papier Whatman, ép. avant la lettre dans son portefeuille. Édition Lemerre.

247 **Molière.** Suite de vignettes d'ap. *Staal,* ~~avant~~ *L.B.*
~~la lettre~~. 18 p. sur chine. Très-grand in-8.
Édition de Garnier frères. *Faux avant la lettre*

248 — Suite de vignettes à l'eau-forte, avant la *L.B.*
lettre, sur chine volant, d'après la composition
de *Boucher.* 35 p. dont le portrait. In-8 dans
son portefeuille. Édition Lemerre.

249 — La même suite avant la lettre. 35 p. papier *L.B*
Whatman, format grand in-8 dans son portefeuille. Édition Lemerre.

350 **Nuitter** (Charles). Le Nouvel Opéra, orné de *L.B.*
59 gravures sur bois et 4 plans, le portrait de
Ch. Garnier, photog. Vol. grand in-8. Paris,
Hachette, 1875. Superbe ex. sur chine.

251 **Rousseau** (J.-J.). Vignettes d'ap. *Cochin,* ×
2 lettres grises, 2 avant la lettre, 5 d'après
Monsiau, avant la lettre. En tout 9 p. grand
in-4. Marge petit in-fol. Superbe ép.

252 — D'ap. Monsiau. *Insensiblement mon cœur* ×
s'attachait à la petite Azoletta. Grand in-4.
Eau-forte pure et avec la lettre. 2 p. très-belles.

253 **Voltaire.** Petites vignettes pour la Pucelle *L.T.*
(Cazin). 3 entêtes dont 2 *eaux-fortes pures,*
avant le texte.

254 Rome : description et souvenirs, par Francis *L.B.*
Wey, orné de 358 gravures sur bois par les plus
célèbres artistes et un plan. 3e édition aug-
mentée d'un Voyage à Rome en 1874, etc. Paris,
Hachette, 1875. Grand in-4. Ex. sur chine
broché.

255 Catalogues de ventes de Dessins, Tableaux, etc., 7
des principaux artistes : Aligny, Barye,
Cambon, Carpeaux, Corot, Daubigny, Delacroix,
Diaz; Fortuny, illustré dans le texte; Fromen-
tin, Goya, P. Huet, E. Lamy, Millet, C. Nanteuil, Pils orné de son portrait; Ribot, Troyon,
Ziem et autres, la plupart avec notices. 86 brochures. Pourra être divisé.

256 Catalogues de ventes importantes de Tableaux, 4.50
Dessins, Objets d'art : Arosa, Astruc, Stan.
Baron, duc de Berwick et d'Albe, Bouvier,
comte de Busignano, Carrier, Couvreur, Deles-
sert, comte d'Espagnac, Faure, Ad. Fould,
Fremyn et autres. 83 brochures.

257 — Paul Galitzin, Hardy, Jacobson, Jules 2.50
Janin, Charles Jacques, Koucheleff, marquis
de la Roche B..., Laurent Richard, Lemaître,
Liebermann, C. Marcille, Maulaz, Eudes dit
Michel, Montebello, duc de Morny, Neville,
D. Goldsmid, Oppenheim et autres. 78 bro-
chures.

258 — Galeries et Collections : Papin, Pauwels, 1.50
Pereire, duc de Persigny, Pommersfelden,
Pourtalès, avec planches de vases; Rossini,
Saint-Remy, Saint-Seine, Salamanca, San
Donato, Schneider, Sechan, Sedelmeyer,
Sensier, Signol, Soutzo, Tardif, baron de Theis,
baron Thibon, Ivan Tourgueneff, Turpin, Fréd.
Villot, Willet, et autres. 72 brochures. Pourra
être divisé.

259 Catalogues de Ventes de Dessins, Tableaux _L.B._
et Objets d'art anciens et modernes, de 1866
à 1878, 68 brochures.

260 Catalogue de la Collection d'Estampes de _L.B_
M. O. de Behague.

261 — Alfred Sancede, illustrée de 8 eaux-fortes. _L.B._
— Farjas, 1 eau-forte. — Castellani, illustré
dans le texte. — Notice sur l'hôtel du Grand-
Cerf des Andelys, avec photog. — Cadart et
autres Catalogues de ventes d'Estampes,
12 brochures.

262 Catalogues mensuels des libraires Rouquette, _L.B_
de 1874 à 1878, 50 brochures. — Labitte,
11 brochures, 1875 à 1878. — Conquet, 1875
à 1878; 29 brochures. En tout 90 brochures.

263 Journal de la librairie, année 1878, complète. _L.B_

DESSINS

264 ANONYME. Décors de théâtre. Projet pour la _L.B_
reprise de Psyché, Th. Français. Vente Cambon, crayon noir rehaussé de blanc, in-fol.

265 — Décor du 1ᵉʳ acte d'Herculanum, com- _L.B_
posé pour la fin du monde, mine de plomb sur
papier bleu rehaussé de blanc, in-fol.

266 — Décor pour Aladin ou la Lampe merveil- _L.B_
leuse, grand in-fol., crayon noir. Vente
Cambon.

770 Catalogues à 5...   38 50   13,946

6 Mains chemises à 1/50   9

Transport à l'hôtel   3

Honoraires 10 %   1394 60

                              1,445 | 10

100 affiches en afficheur (colombier)   53 ..

Insertion au Moniteur des Ventes   20 60

Déclaration de Vente   2 20

Timbre du procès verbal   3 60

Enregistrement   349 ..

Versement en bourse commune   439 50

Honoraires de M. Dalestre   439 50

Clerc ou Crieur   12

Location de la Salle 4 un jour   40 20

800 Catalogues   267 50

Commissionnaire 1 jour   5

Pour Supplément de Travail   20 ..

Enregistrement et Timbre de la décharge   4 35

                              3,101 | 55

Déduire les 5 % du acquéreurs   697 30   2,404 25

                                        11541 75

PORTRAITS EN BISTRE

Collections de Portraits inédits ou rares de Personnages célèbres

REPRODUITS NOUVELLEMENT PAR LA GRAVURE

Publiés par VIGNÈRES, Md d'Estampes

Rue de la Monnaie, 21 (ancien 13), à l'entre-sol

ALBANY (Louise-Max. de Stolberg, comtesse d'). Gravée par Adolphe Varin.
AMOROS, colonel, fondateur de la gymnastique en France.   id.
ARGOUT (Antoine-Maurice-Apollinaire, comte d'.)   J. Porreau.
AUBIGNÉ (Théodore-Agrippa d'). historien, 1550-1630.   Adolphe Varin.
HABEUF (F.-N.-Gracchus), journaliste.   J. Porreau.
BARÈRE (Bertrand), de Vieuzac, conventionnel.   id.
BEAUHARNAIS (comtesse Stéphanie de), poëte, romancière.   Sisco.
BERRUYER, général, commandant des Invalides.   J. Porreau
BERTRAND DE MOLLEVILLE, marquis, ministre, littérateur.   id.
BEUGNOT (J.-C. comte), député, ministre.   id.
BIÈVRE (marquis de), célèbre auteur de calembours.   id.
BLANCHARD (Madeleine-Sophie-ARMAND, Madame), aéronaute.   id.
BONJOUR (Casimir), auteur dramatique.   id.
BORGHÈSE (Camille-Philippe-Louis), prince.   id.
BOSSUT (Charles), mathématicien.   id.
BRAZIER (Nicolas), auteur dramatique, d'après Marlet.   id.
BRISSOT (J.-P.), de Varville, conventionnel.   id.
CANCLAUX (J.-B. Camille, comte de), général, pair.   id.
CAYLA (comtesse de), née Talon, d'après le baron Gérard.   Massard.
CHAROLAIS (L.-A. de Bourbon, Mlle de), en moine.   Adolphe Varin.
CLOUET (François), dit JANET, peintre de portraits.   J. Porreau.
COCHON, comte de L'APPARENT, conventionnel, ministre.   id.
DEBUREAU, acteur des Funambules, Pierrot.   id.
DE FERMONT (comte), député, conseiller d'État.   id.
DEVIENNE, actrice, Théâtre-Français.   Normand.
DILLON (Arthur), gouverneur en Amérique, député.   Adolphe Varin.
DONADIEU, baron, général de division.   J. Porreau.
DORAT-CUBIÈRES-PALMEZEAUX, poëte, auteur dramatique.   id.
DROUET, maître de poste à Sainte-Ménehould.   Adolphe Varin.
DROZ (Joseph), littérateur, académicien.   J. Porreau.
DUCHESNE aîné, conservateur du Cabinet des estampes.   id.
DUCOS (Roger), avocat, constituant, 3e consul provisoire.   id.
ÉLIE DE BEAUMONT, avocat au Parlement de Paris.   Devrits.
EMPIS (Adolphe), auteur dramatique.   J. Porreau.
ÉPAGNY (d'), poëte dramatique.   id.
FABRE DE L'AUBE (comte), député, pair, littérateur.   id.
FIÉVÉE (J.), littérateur, auteur dramatique.   id.
FRÉRON (Louis-Stanislas), conventionnel.   id.
FROCHOT, comte, préfet, député.   id.
GARNERIN (A.-J.), inventeur du parachute.   id.
GARNERIN (Elisa), aéronaute.   id.
GAUDIN, duc de Gaëte, ministre des finances.   id.
GENLIS (A. Brulard, comte de), cap. des gardes, conventionnel.   id.
GEOFFROI (J.-L.), critique, journaliste.   id.
GODOI (don Manuel), prince de la Paix.   Adolphe Varin.
GOUFFÉ (Armand), chansonnier, vaudevilliste.   J. Porreau.
GUIMARD (Mademoiselle), danseuse,   id
HOLBACH (Madame la baronne d'   Adolphe Varin

JONES (Paul), intrépide marin en Amérique.	Adolphe Varin.
JOUFFROY (Théodore-Simon), professeur, académicien.	J. Porreau.
IOUSSELIN DE LASALLE, homme de lettres	id.
KANT (Emmanuel), philosophe allemand.	Bracquemond.
LACALPRENÈDE (Gauthier de Costes, seign. de), romancier.	Adolphe Varin.
LAINÉ (J.-H., vicomte), ministre et académicien.	J. Porreau.
LAMBALLE (princesse de), dessinée d'après nature par Gabriel.	id.
LASOURCE (M.-David-Albin de), député du Tarn.	id.
LATERRADE, amateur d'estampes historiques.	id.
LAVALLIÈRE (L.-F. de La Baume, duchesse de).	id.
LENORMAND (Mademoiselle), nécromancienne.	id.
LECOTTE (Edme-Aimé), lieut.-général, comte, né à Dijon.	id.
MAILHE (Jean), député à la Convention.	Adolphe Varin.
MAINE (L.-A. de Bourbon, duc du)	id.
MARAT, à la tribune, dessiné d'après nature par Gabriel.	J. Porreau.
MARTIN (Louis-Aimé), littérateur.	id.
MAUREPAS (J.-Fréd. Phelypeaux, comte de), ministre.	id.
MAZÈRES (Édouard), auteur dramatique.	J. Porreau.
MESMER, auteur du magnétisme animal.	id.
MÉZERAI, actrice, Théâtre-Français.	Normand.
MONTCALM (Marquis de), commandant en Amérique.	Adolphe Varin.
ORLÉANS, duc de Montpensier (Ant.-Philippe d'), 1773-1807.	J. Porreau.
PEUSUIS (L. Loiseau de), musicien, d'après Pierre Guérin.	id.
PÉTIET (Claude), député, ministre de la guerre.	id.
PHILIDOR (André-Danican), musicien, auteur du jeu d'échecs.	id.
PILON (Germain), sculpteur, 1550,	id.
PIXÉRÉCOURT (Guilbert de), fac-simile, d'après J. Boilly, in-4.	id.
POLIGNAC (Madame la duchesse de).	Adolphe Varin.
PONGERVILLE (Sanson de), académicien.	J. Porreau.
PONTUS DE LA GARDIE, général en Suède.	id.
RAMEL-NOGARET, ministre des finances, préfet.	id.
RÉCAMIER (Madame), d'ap. Cosway.	id.
REVEILLÈRE-LÉPAUX, botaniste, théophilanthrope.	id.
ROBERT-LINDET, député, conventionnel, ministre.	id.
ROMME (Gilbert), conventionnel.	id.
ROUGET DE L'ISLE, auteur de *la Marseillaise*, musicien.	Adolphe Varin.
SAINT-HURUGE (marquis de).	J. Porreau.
SAINT-PRIX, acteur, Comédie-Française.	id.
SAINT-SIMON (Claude-H., comte de), philosophe.	Perrot.
SILVAIN-MARÉCHAL, poëte et littérateur.	Devritz.
TALLIEN (Madame), née Cabarus, d'après le baron Gérard.	Massard.
TOCQUEVILLE (Alexis de).	Adolphe Varin.
TREILHARD (J.-B., comte), député, ministre, etc.	J. Porreau.
TRONSON DU COUDRAY, avocat, du Conseil des Anciens.	id.
VADIER (A.), député aux États-Généraux.	id.
VATOUT (J.), poëte, académicien, bibliothécaire.	Adolphe Varin.
VÈZE (Baron Ch. de), amateur d'estampes, œuvre de Watteau.	J. Porreau.
VIGÉE (L.-G.-B.-E.), poëte et auteur dramatique.	J. Porreau.
WESTERMANN, général, d'ap. le Physionotrace.	id.
CARTOUCHE (Louis-Dominique), fameux voleur.	Lallemaud.
MANDRIN (Louis), fameux contrebandier.	Delaistro.

Chaque portrait pouvant entrer dans un in-8° est tiré in-4°.
Avec la lettre, papier blanc, 1 fr.; papier de Chine, 1 fr. 25 c.
Avant la lettre, papier blanc, 2 fr.; papier de Chine, 2 fr. 50 c.
Dont il n'est tiré que 20 épreuves blanc et 5 Chine.

Ves BUXCU, MAULDE et COCK, impr. de la Compagnie des Commissaires-Priseurs, rue de Rivoli, 155

3511

PORTRAITS

Gravés par Adolphe **VARIN**

POUR ILLUSTRER

LES GRAVEURS DU XVIIIe SIÈCLE

(Estampes, Portraits, Vignettes)

PAR

M. le baron R. PORTALIS et M. H. BERALDI

Sont parus	**A paraître**
DE LONGUEIL	BALÉCHOU
CHODOWIECKI	BARTOLOZZI
DESROCHERS	CHEDEL
	HOGARTH

FAISANT SUITE A CEUX PUBLIÉS

POUR

L'ART DU XVIIIe SIÈCLE

De MM. de GONCOURT

ET

LES DESSINATEURS D'ILLUSTRATIONS

Par M. le baron Roger PORTALIS

Chez **VIGNÈRES**, rue de la Monnaie, 21, à Paris

Vᵉˢ Renou, Maulde et Cock, imprⁱᵉ de la Cⁱᵉ des Commissaires-Priseurs,
rue de Rivoli, 144.   3541

www.ingramcontent.com/pod-product-compliance
Lightning Source LLC
LaVergne TN
LVHW020452060726
842525LV00005B/1664